# Mijn tweetalige prentenboek

## Моя двомовна книжка з малюнками

Sefa's mooiste kinderverhalen in één bundel

Ulrich Renz • Barbara Brinkmann:

**Slaap lekker, kleine wolf · Солодких снів, маленький вовчику**

Voor kinderen vanaf 2 jaar en ouder

Cornelia Haas • Ulrich Renz:

**Mijn allermooiste droom · Мій найпрекрасніший сон**

Voor kinderen vanaf 2 jaar en ouder

Ulrich Renz • Marc Robitzky:

**De wilde zwanen · Дикі лебіді**

Een sprookje naar Hans Christian Andersen

Voor kinderen vanaf 5 jaar en ouder

© 2024 by Sefa Verlag Kirsten Bödeker, Lübeck, Germany. www.sefa-verlag.de

Special thanks to Paul Bödeker, Freiburg, Germany

All rights reserved.

ISBN: 9783756304233

Lezen · Luisteren · Begrijpen

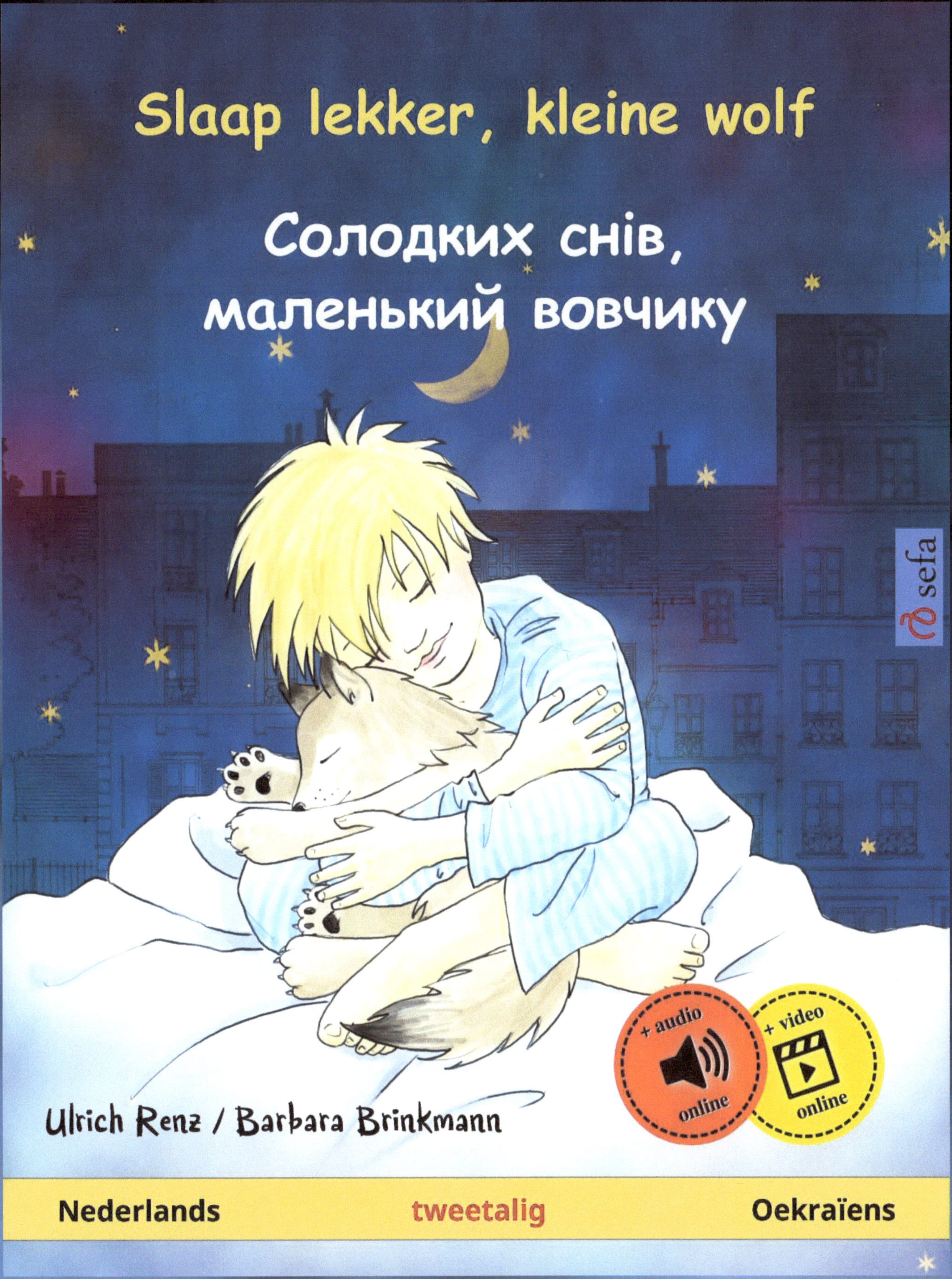
Slaap lekker, kleine wolf
Солодких снів,
маленький вовчику
sefa
+ audio online
+ video online
Ulrich Renz / Barbara Brinkmann
Nederlands
tweetalig
Oekraïens

Vertaling:

Jonathan van den Berg (Nederlands)

Svetlana Hordiyenko, Lesya and Maryna Skintey (Oekraïens)

Luisterboek en video:

# www.sefa-bilingual.com/bonus

Gratis toegang met het wachtwoord:

Nederlands: **LWNL2321**

Oekraïens: **LWUK3020**

Goedenacht, Tim! We zoeken morgen verder.
Voor nu slaap lekker!

На добраніч, Тіме! Ми пошукаємо завтра.
А зараз солодких снів!

Buiten is het al donker.


Надворі вже темно.

Wat doet Tim daar?

Що там робить Тім?

Hij gaat naar de speeltuin.

Wat zoekt hij daar?

Він йде надвір до дитячого майданчика.

Що він там шукає?

De kleine wolf!

Zonder hem kan hij niet slapen.

Маленького вовчика!

Без нього він не може заснути.

Wie komt daar aan?

Хто там іде?

Marie! Ze zoekt haar bal.

Марійка! Вона шукає свій м'яч.

En wat zoekt Tobi?

А що шукає Тобі?

Zijn graafmachine.

Свій екскаватор.

En wat zoekt Nala?

А що шукає Нала?

Haar pop.

Свою ляльку.

Moeten de kinderen niet naar bed?
De kat is erg verwonderd.

Хіба не треба дітям спати?
Дуже здивувалася кицька.

Wie komt er nu aan?

А хто там ще іде?

De mama en papa van Tim!
Zonder hun Tim kunnen zij niet slapen.

Тімині мама і тато!
Без Тіма вони не можуть заснути.

En er komen nog meer! De papa van Marie.
De opa van Tobi. En de mama van Nala.

А ось ще хтось іде! Марійчин тато.
Тобін дідусь. І Налина мама.

Nu snel naar bed!

А зараз мерщій у ліжко!

Goedenacht, Tim!

Morgen hoeven we niet meer te zoeken.

На добраніч, Тіме!

Завтра ми вже не повинні нічого шукати.

Slaap lekker, kleine wolf!

Солодких снів, маленький вовчику!

Cornelia Haas • Ulrich Renz

# Mijn allermooiste droom
## Мій найпрекрасніший сон

Vertaling:

Gino Morillo Morales (Nederlands)

Valeria Baden (Oekraïens)

Luisterboek en video:

**www.sefa-bilingual.com/bonus**

Gratis toegang met het wachtwoord:

Nederlands: **BDNL2321**

Oekraïens: **BDUK3020**

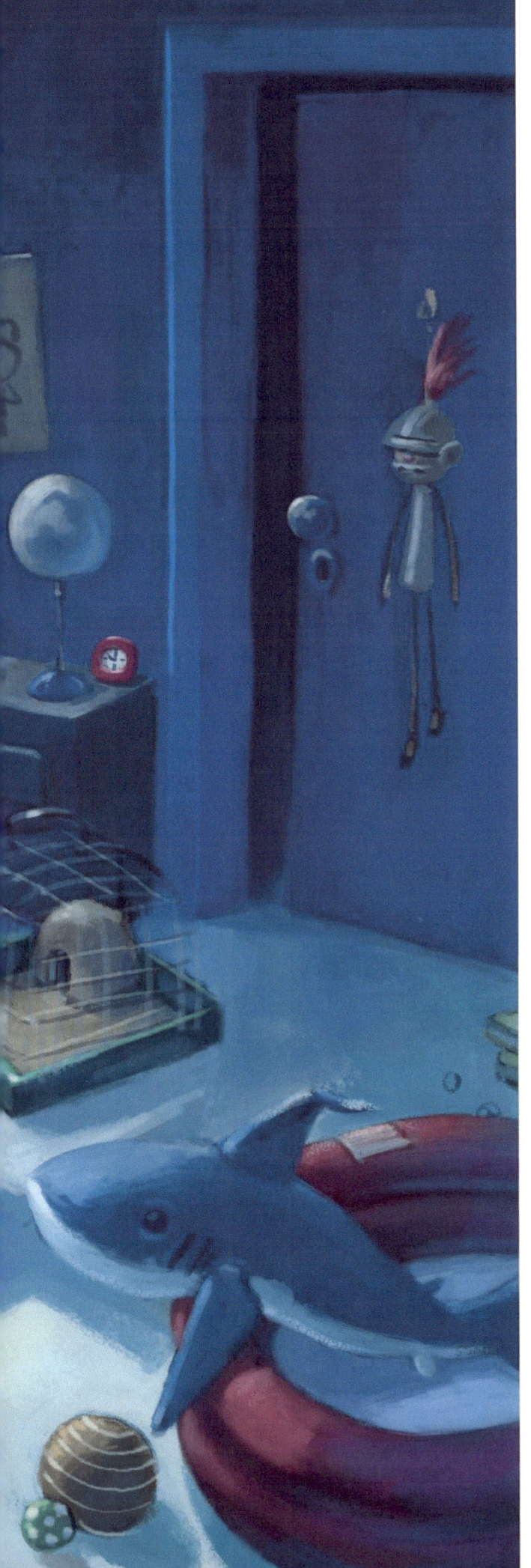

Lulu kan niet slapen. Alle anderen zijn al aan het dromen – de haai, de olifant, de kleine muis, de draak, de kangoeroe, de ridder, de aap, de piloot. En het leeuwenwelpje. Zelfs de beer heeft moeite om zijn ogen open te houden …

Hé beer, neem je me mee in je dromen?

Лулу не спиться. Усі інші вже бачать сни:
і акула, і слон, і маленька мишка, і дракон, і кенгуру, і лицар, і мавпа, і пілот. І левеня. Навіть у ведмежатка заплющуються очі…

Гей, Ведмедику, візьмеш мене до свого сну?

En zo bevindt Lulu zich in berendromenland. De beer is vissen aan het vangen in Meer Tagayumi. En Lulu vraagt zich af: wie woont daarboven in de bomen?

Wanneer de droom voorbij is, wil Lulu nog meer beleven. Kom mee, laten we de haai bezoeken! Wat zou hij nu dromen?

І от Лулу в країні сновидінь ведмедя. Ведмедик ловить рибу в озері Тагаюмі. Та Лулу питає себе, хто би міг жити зверху на деревах? Сон закінчився, але Лулу хоче ще більше пригод. Давай навідаємося до акули! Що може їй снитися?

De haai speelt tikkertje met de vissen. Eindelijk heeft ook hij vrienden!
Niemand is bang voor zijn scherpe tanden.
Wanneer de droom voorbij is, wil Lulu nog meer beleven. Kom mee, laten we de olifant bezoeken! Wat zou hij nu dromen?

Акула грає з рибами у квача. Нарешті у неї є друзі! Ніхто не боїться її гострих зубів.

Сон закінчився, але Лулу хоче більше пригод. Давай навідаємося до слона! Що може йому снитися?

De olifant is zo licht als een veertje en kan vliegen! Hij staat op het punt om te landen in de hemelse weide.
Wanneer de droom voorbij is, wil Lulu nog meer beleven. Kom mee, laten we de kleine muis bezoeken! Wat zou zij nu dromen?

Слон – легкий, як пір'їнка, і може літати! Ось він приземляється на небесну галявину.

Сон закінчився, але Лулу хоче ще більше пригод. Давай навідаємося до маленької мишки! Що може їй снитися?

De kleine muis is naar de kermis aan het kijken. De achtbaan vindt ze het leukste.
Wanneer de droom voorbij is, wil Lulu nog meer beleven. Kom mee, laten we de draak bezoeken! Wat zou hij nu dromen?

Маленька мишка спостерігає за ярмарком. Найбільше їй подобаються американські гірки.

Сон закінчився, але Лулу хоче ще більше пригод. Давай навідаємося до дракона! Що може йому снитися?

De draak heeft dorst van al het vuurspugen. Hij zou graag het hele limonademeer leegdrinken.
Wanneer de droom voorbij is, wil Lulu nog meer beleven. Kom mee, laten we de kangoeroe bezoeken! Wat zou zij nu dromen?

Дракона мучить спрага, бо він довго плювався вогнем. Він готовий випити ціле озеро лимонаду.
Сон закінчився, але Лулу хоче ще більше пригод. Давай навідаємося до кенгуру! Що може йому снитися?

De kangoeroe springt door de snoepfabriek en vult haar buidel. Nog meer gummibeertjes! En drop! En chocolade!

Wanneer de droom voorbij is, wil Lulu nog meer beleven. Kom mee, laten we de ridder bezoeken! Wat zou hij nu dromen?

Кенгуру стрибає по кондитерській фабриці та набиває собі повну сумку. Ще більше синіх солодощів! І ще льодяників! І шоколаду! Сон закінчився, але Лулу хоче ще більше пригод. Давай навідаємося до лицаря! Що може йому снитися?

De ridder is bezig met een taartgevecht met de prinses van zijn dromen.
Oeps! De slagroomtaart gaat ernaast!
Wanneer de droom voorbij is, wil Lulu nog meer beleven. Kom mee, laten we de aap bezoeken! Wat zou hij nu dromen?

Лицар влаштовує тортовий бій із принцесою своєї мрії. Ой, лишенько! Повз пролітає вершковий торт!

Сон закінчився, але Лулу хоче ще більше пригод. Давай навідаємося до мавпи! Що може їй снитися?

Eindelijk is er sneeuw gevallen in Apenland. De hele groep apen is door het dolle heen. Het is een echte apenkooi.
Wanneer de droom voorbij is, wil Lulu nog meer beleven. Kom mee, laten we de piloot bezoeken! Wat zou hij nu dromen?

Нарешті у країні мавп випав сніг! Уся мавпяча зграя з'їхала з глузду та вчинила балаган.

Сон закінчився, та Лулу хоче ще більше пригод. Давай навідаємося до пілота! У якому сні він приземлився?

De piloot vliegt verder en verder. Naar het einde van de wereld en nog verder, helemaal tot aan de sterren. Geen andere piloot heeft dat ooit gedaan. Wanneer de droom voorbij is, is iedereen al heel moe en willen ze niet meer zo veel beleven. Maar toch willen ze het leeuwenwelpje nog bezoeken. Wat zou zij nu dromen?

Пілот летить і летить. До краю землі та ще далі до зірок. Це не вдавалося жодному пілотові.

Коли сон закінчився, всі були втомлені й не хотіли більше ніяких пригод. Але до левенятка все ж вирішили навідатися. Що може йому снитися?

Het leeuwenwelpje heeft heimwee en wil terug naar haar warme, knusse bed.
Dat willen de anderen ook.

En daar begint ...

Левенятко сумує за домівкою та хоче назад у своє тепле і затишне ліжко.
Та й усі інші також.

І тоді починається ...

... Lulu's allermooiste droom.

... найпрекрасніший сон Лулу.

Ulrich Renz • Marc Robitzky

# De wilde zwanen

## Дикі лебіді

Vertaling:

Christa Kleimaker (Nederlands)

Vsevolod Orlov (Oekraïens)

Luisterboek en video:

www.sefa-bilingual.com/bonus

Gratis toegang met het wachtwoord:

Nederlands: **WSNL2121**

Oekraïens: **WSUK3020**

Ulrich Renz · Marc Robitzky

# De wilde zwanen

# Дикі лебіді

Een sprookje naar

# Hans Christian Andersen

Nederlands — tweetalig — Oekraïens

Er waren eens twaalf koningskinderen – elf broers en een grote zus, Elisa. Ze leefden gelukkig in een prachtig kasteel.

Давним-давно жили-були у короля дванадцять дітей—одинадцять братів та їхня старша сестра Еліза. Вони жили щасливо у прекрасному палаці.

Op een dag stierf hun moeder en een poosje later trouwde de koning opnieuw. Maar de nieuwe vrouw was een boze heks. Ze toverde de elf prinsjes om in zwanen en stuurde ze naar een vreemd land heel ver weg, aan de andere kant van het grote bos.

Одного дня королева померла, і через деякий час король одружився вдруге. Але нова дружина була злобною відьмою. Вона зачарувала одинадцять принців, перетворивши їх на лебедів, та відправила їх у далеку країну, яка знаходилася біля дрімучого лісу.

Ze kleedde het meisje in vodden en smeerde haar een zalfje op het gezicht dat haar zo lelijk maakte dat zelfs haar eigen vader haar niet meer herkende en haar uit het kasteel verjaagde. Elisa rende het donkere bos in.

Дівчинку вона одягнула у лахи та вилила на її лице гидку мазь так, що навіть рідний батько не впізнав її та вигнав із замку. Еліза втекла у темний ліс.

Nu was ze helemaal alleen, en verlangde in het diepst van haar ziel naar haar verdwenen broers. Toen de avond viel maakte ze onder de bomen een bed van mos.

Там була вона зовсім самотня і всім серцем сумувала за своїми зниклими братами. Увечері вона зробила під деревами ліжко з моху.

De volgende ochtend kwam ze bij een stille vijver en schrok ze toen ze daarin haar eigen spiegelbeeld zag. Maar nadat ze zich had gewassen, was ze het mooiste koningskind onder de zon.

Наступного ранку вона прийшла до тихого озера та, побачивши своє відображення, злякалась. Вона вмилася і знов стала найкрасивішою принцесою у всьому світі.

Na vele dagen bereikte Elisa de grote zee. Op de golven schommelden elf zwanenveren.

Минуло декілька днів, та Еліза дійшла до великого моря, на хвилях якого гойдалися одинадцять лебедів.

Toen de zon onderging, ruisde er iets in de lucht en elf wilde zwanen landden op het water. Onmiddellijk herkende Elisa haar elf betoverde broers. Maar omdat ze de zwanentaal spraken, kon zij hen niet verstaan.

Як зійшло сонце, вона почула шум—то одинадцять диких лебедів опустилися на воду. Еліза одразу ж впізнала своїх зачарованих братів, але вона не могла зрозуміти їх, бо вони говорили лебединою мовою.

Overdag vlogen de zwanen weg, maar 's nachts vlijden de broers en zus zich in een grot tegen elkaar aan.

In een nacht had Elisa een vreemde droom: Haar moeder vertelde haar hoe ze haar broers kon bevrijdden. Ze moest voor iedere zwaan een hemdje van brandnetels breien en het dan over hem heen werpen. Tot die tijd mocht ze geen woord spreken, want anders zouden de broers sterven.
Elisa ging gelijk aan het werk. Hoewel haar handen brandden als vuur, breide ze onvermoeid door.



Удень лебеді зникали, а вночі брати та сестра ніжно притискалися один до одного у печері.

Якось вночі Елізі наснився дивний сон: її мати сказала їй, як вона може звільнити братів від чар. Вона мала виплести з кропиви по сорочці для кожного лебедя та накинути їх на них. Але до того часу з її вуст не має вилетіти жодного слова, інакше її брати загинуть.
Еліза одразу ж взялася до роботи. Хоча її руки пекло вогнем, вона невтомно плела.

Op een dag klonken er in de verte jachthoorns. Een prins met zijn gevolg kwam aangereden en stond al snel voor haar. Toen ze elkaar in de ogen keken, werden ze verliefd.

Одного дня десь вдалині залунав мисливській ріг. Принц зі своїми підданими прискакав на коні та вже незабаром стояв перед Елізою. Як тільки вони подивились один одному в вічі, то одразу ж закохалися.

De prins tilde Elisa op zijn paard en reed met haar naar zijn kasteel.

Принц посадив Елізу на свого коня та поскакав із нею у свій палац.

De machtige schatbewaarder was over de aankomst van het stomme meisje helemaal niet blij. Zijn eigen dochter zou de bruid van de prins moeten worden.

Але могутній радник принца аж ніяк не радів приїзду мовчазної красуні, тому що його власна донька мала стати нареченою принца.

Elisa was haar broers niet vergeten. Iedere avond werkte ze verder aan de hemdjes. Op een nacht sloop ze naar het kerkhof om verse brandnetels te plukken. Daarbij had de schatbewaarder haar in het geheim gade geslagen.

Еліза не забула про своїх братів. Кожен вечір вона продовжувала плести сорочки. Якось вночі вона пішла на цвинтар нарвати свіжої кропиви, а радник непомітно стежив за нею.

Zodra de prins op jacht was, liet de schatbewaarder Elisa in de kerker gooien. Hij beweerde dat zij een heks was die 's nachts andere heksen ontmoette.

Коли принц поїхав на полювання, радник кинув Елізу у темницю. Радник заявив, що вона відьма, яка по ночах зустрічається з іншими відьмами на цвинтарі.

Bij het aanbreken van de dag werd Elisa door de bewakers opgehaald. Ze zou op de markt worden verbrand.

На світанку Елізу схопили вартові. Її мали спалити на ринковій площі.

Nauwelijks waren ze daar aangekomen toen plotseling elf witte zwanen aangevlogen kwamen. Snel gooide Elisa iedere zwaan een brandnetel-hemdje over. Al gauw stonden al haar broers als mensen voor haar. Alleen de kleinste, wiens hemdje nog niet helemaal klaar was, had nog een vleugel in plaats van een arm.

Ледь вона опинилася там, як раптом прилетіли одинадцять білих лебедів. Еліза швидко накинула на кожного панцир-сорочку. Перед нею встали всі її брати у людській подобі. Тільки у наймолодшого, чия сорочка була недоплетена, замість однієї руки було лебедине крило.

Het omhelzen en kussen van de broers en zus was nog niet afgelopen toen de prins terugkeerde. Eindelijk kon Elisa hem alles uitleggen. De prins liet de boze schatbewaarder in de kerker gooien. En daarna werd er zeven dagen lang bruiloft gevierd.

En ze leefden nog lang en gelukkig.

Коли повернувся принц, обіймам та поцілункам сестри та братів не було кінця. Нарешті Еліза змогла все розповісти йому. Принц наказав кинути злого радника до в'язниці. А потім усі сім днів святкували весілля.

І жили вони довго та щасливо.

# Hans Christian Andersen

Hans Christian Andersen werd 1805 in de Deense stad Odense geboren en overleed in 1875 te Kopenhagen. Door de sprookjes zoals "De kleine zeemeermin", "De nieuwe kleren van de keizer" of "Het lelijke eendje" werd hij wereldberoemd. Dit sprookje, "De wilde zwanen", werd voor het eerst in 1838 gepubliceerd. Het werd sindsdien in meer dan honderd talen vertaald en in vele versies o.a. ook voor het theater, film en musical bewerkt.

Barbara Brinkmann werd geboren in 1969 in München (Duitsland). Ze studeerde architectuur in München en is momenteel werkzaam bij de faculteit Bouwkunde van de Technische Universiteit van München. Ze werkt ook als grafisch ontwerper, illustrator en auteur.

Cornelia Haas werd geboren in 1972 in Ichenhausen bij Augsburg (Duitsland). Ze studeerde design aan de Hogeschool van Münster, waar ze als ontwerpster afstudeerde. Sinds 2001 illustreert ze boeken voor kinderen en jongeren en sinds 2013 doceert ze acryl- en digitale schilderkunst aan de Hogeschool Münster.

Marc Robitzky, geboren in 1973, studeerde aan de technische kunstschool in Hamburg en de Academie voor Beeldende Kunsten in Frankfurt. Hij werkte als zelfstandig illustrator en communicatie designer in Aschaffenburg (Duitsland).

Ulrich Renz werd geboren in 1960 in Stuttgart (Duitsland). Hij studeerde Franse literatuur in Parijs en geneeskunde in Lübeck, waarna hij als directeur van een wetenschappelijke uitgeverij werkte. Vandaag de dag is Renz freelance auteur en schrijft hij naast non-fictie ook boeken voor kinderen en jongeren.

# Hou je van tekenen?

Hier vindt je alle illustraties van het verhaal om in te kleuren:

www.sefa-bilingual.com/coloring

www.ingramcontent.com/pod-product-compliance
Lightning Source LLC
LaVergne TN
LVHW070443080526
838202LV00035B/2711